■ 시 : 김소월(金素月, 1902~1934)

한국 현대시에서 가장 대중적이고 상징적인 시인으로 알려져 있습니다.
민요풍 리듬과 전통적 정서를 바탕으로 한국인의 슬픔과 이별을
잘 녹여낸 작품을 남겨 지금도 많은 시가 노래로 불리고 있습니다.
대표작으로 〈진달래꽃〉〈초혼〉〈먼 후일〉〈산유화〉〈부모〉 등이 있습니다.

■ 그림 : 오정림

김소월님 〈부모〉를 그리는 동안, 저는 따뜻한 부모님의 미소를 생각하며 작업했습니다.
이 책을 읽는 여러분에게도 따뜻한 색감을 통해 미소가 떠오르는 책이 되었으면 좋겠습니다.
그동안 제가 그린 그림책은
『불이 번쩍! 전깃불 들어오던 날』『오고 있어!』『세상에서 두 번째로 신기한 일』『밥 걱정』 등이 있으며,
어린이 책은『몰래 버린 실내화 한 짝』『나리야, 미안해』『우산 도서관』『반짝반짝 궁전 속 세계 문화』『다람쥐로 변신하기』 등
다수의 책이 있습니다.

사노라면 01

부모

펴낸날 초판1쇄 2026년 1월 31일
시 김소월 | 그림 오정림 | 펴낸이 하헌성 | 펴낸곳 섬아이 | 출판등록 2006년 8월 3일(제 2015-000012호)
주소 서울시 성동구 독서당로 377, 107-804 | 전화 (02)428-6663 | 팩스 (02)428-6672 | 이메일 sumai69@naver.com
ISBN 978-89-93471-66-3

김소월 시 · 오정림 그림

섬아이

낙엽이 우수수 떨어질 때

겨울의 기나긴 밤

어머님하고 둘이 앉아

옛 이야기 들어라.

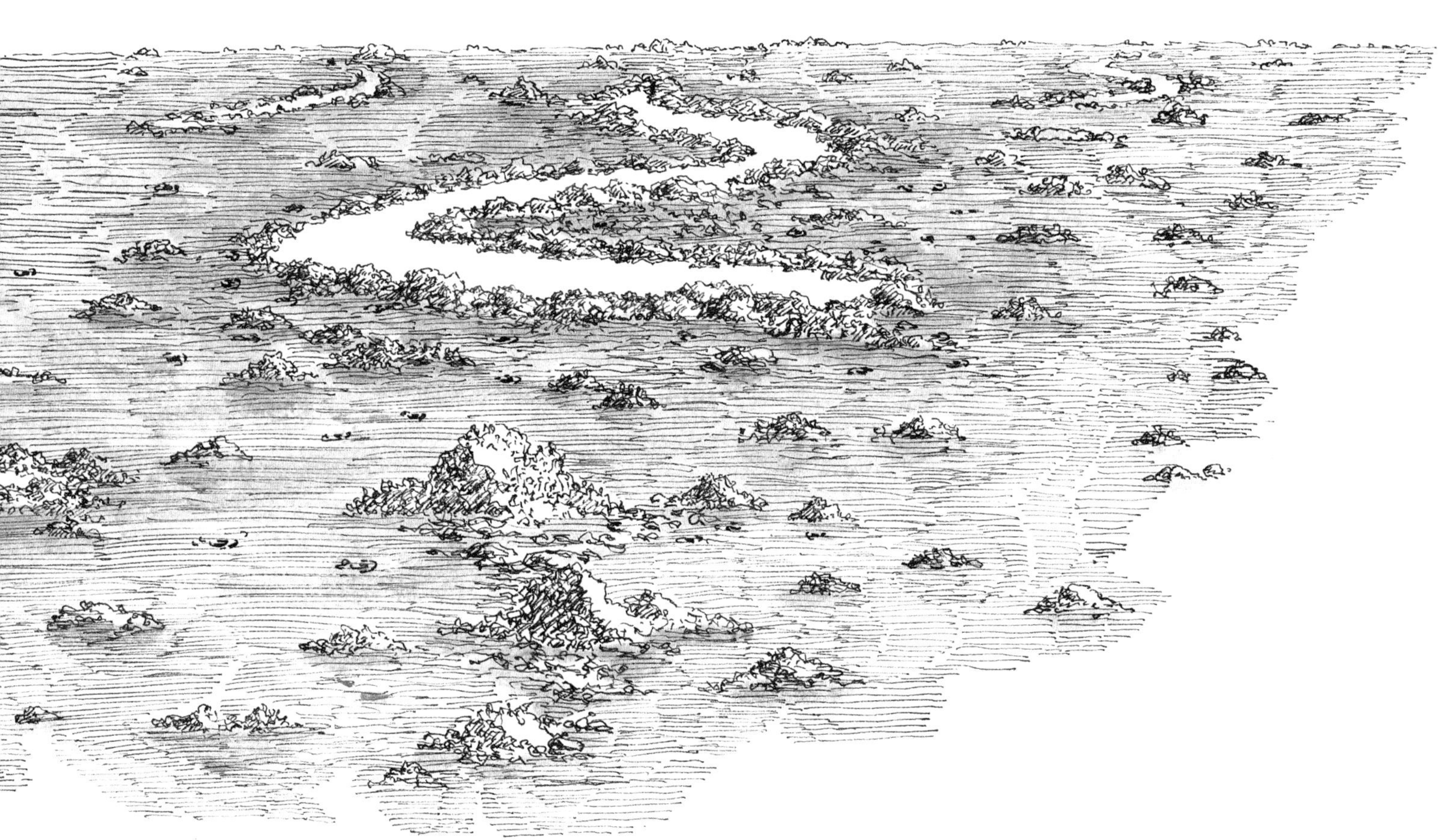

나는 어쩌면 생겨 나와

이 이야기 듣는가?

묻지도 말아라, 내일 날에

내가 부모 되어서 알아보랴?

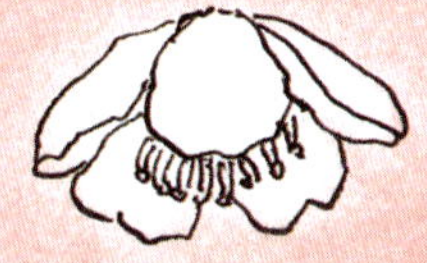

부모

낙엽이 우수수 떨어질 때
겨울의 기나긴 밤
어머님하고 둘이 앉아
옛 이야기 들어라.
나는 어쩌면 생겨 나와
이 이야기 듣는가?
묻지도 말아라, 내일 날에
내가 부모 되어서 알아보랴?